CONSIDÉRATIONS

IMPORTANTES

SUR

L'ABOLITION GÉNÉRALE

DE

LA TRAITE DES NÈGRES,

Adressées aux Négociateurs des Puissances continentales qui doivent assister au Congrès de Vienne.

Par un PORTUGAIS.

A PARIS,

Chez
{
Ant. BAILLEUL, Imprimeur-Libraire du commerce, rue Ste-Anne, N°. 71 ;
Mme. GOULLET, Libraires, Palais-Royal,
DELAUNAY, galeries de bois.
}

SEPTEMBRE 1814.

CONSIDÉRATIONS

IMPORTANTES

Sur l'abolition générale de la Traite des Nègres, adressées aux Négociateurs des Puissances continentales qui doivent assister au Congrès de Vienne.

En 1787, quelques Anglais philantropes et religieux conçurent de bonne foi le projet de faire abolir la traite des nègres dans toutes les possessions britanniques ; ils n'é-taient guidés par aucun motif d'intérêt per-sonnel, et leur but était si louable, qu'ils se trouvèrent bientôt appuyés par les hommes les plus distingués par leurs talens et leur caractère, parmi lesquels on comptait MM. Pitt, Fox, Burke, lord Grenville, etc. Ce ne fut cependant qu'après une lutte opi-niâtre, prolongée pendant 20 ans, qu'ils par-vinrent à faire adopter une mesure aussi sage : ils ont eu à combattre, au moyen de l'évidence des faits les plus incontes-tables et des argumens les plus solides, non-seulement les préjugés du peuple, mais les vues intéressées de cette classe d'é-goïstes qui, tout à fait indifférens sur la prospérité publique, ne cherchent qu'à sa-tisfaire leur cupidité. Cette classe d'hommes est si nombreuse et puissante en Angleterre, que les ministres ont souvent bien de la peine à résister à leurs sophismes, et à dé-jouer leurs trames.

L'abolition fut enfin prononcée en 1807, moins encore par la force des argumens, que par l'entrée, au ministère, de M. Fox, qui s'était déclaré ouvertement en faveur de cette mesure. Ceux qui s'étaient d'abord opposés à l'abolition, ayant cessé d'en craindre les effets pour leurs intérêts, se rangèrent du côté des philantropes, que l'amour seul de l'humanité avait guidés, en proposant de mettre un terme à cet infâme trafic. L'abolition de la traite, décrétée par les Etats-Unis, l'insurrection des colonies françaises, qui devait tôt ou tard se pro-pager dans toutes les îles, l'accroissement et la consolidation de la puissance anglaise dans l'Inde, et la prospérité croissante de la belle colonie de Sierra-Leona, ont été les causes principales de ce changement dans l'opinion de ceux qui jusqu'alors s'étaient opposés à l'abolition. Ils commencèrent à l'envisager dès ce moment comme un moyen puissant de ruiner les colonies des autres nations, et de parvenir au monopole des denrées coloniales, que leurs possessions de l'Inde et de l'Afrique leur fournissaient en abondance et à plus bas prix, sans avoir besoin d'acheter des esclaves pour les cultiver.

Il fallut donc, pour parvenir promptement à opérer la ruine des possessions des autres nations, qui ne pouvaient se passer de la traite, et auxquelles on n'osait pas encore en dicter l'abolition, faire avec ces puissances des traités contenant des clauses tellement insidieuses, qu'elles pussent offrir aux croiseurs anglais mille prétextes spécieux pour gêner et molester, même en temps de paix, le commerce et la navigation des autres nations. Ils ont, en effet, commencé à saisir des bâtimens étrangers, en les envoyant dans les ports britanniques pour y subir l'enquête des Cours d'amirauté (1); et ils ont ainsi ruiné les armateurs, lors même que ces tribunaux leur ont fait rendre les navires injustement

détenus ; les frais de la procédure absor-
bant souvent la valeur entière du charge-
ment.

Voilà pourquoi l'Angleterre, se couvrant
du masque de l'humanité, cherche à introduire dans tous ses traités la clause de l'abolition de la traite. Ce n'est point là une
simple supposition : nous allons citer plusieurs faits à l'appui de notre assertion, qui
doivent convaincre tout homme impartial.
Le but de la Grande-Bretagne étant dia-
métralement opposé à celui du congrès de
Vienne, j'ai cru devoir adresser aux ministres des diverses puissances les considérations suivantes fondées sur des faits incon-
testables. Si, comme il n'est pas permis d'en
douter, l'intention des puissances est d'établir dans ce congrès l'équilibre de l'Europe
et l'indépendance des nations, afin d'assurer
une paix solide et durable entr'elles, il doit
entrer dans les vues de toutes les grandes
puissances continentales de s'opposer à l'in-
sertion, dans le traité définitif, de toute clause
qui pourrait par la suite servir de prétexte à des dissentions entr'elles, et à des hostilités par terre ou par mer.

1º. C'est à tort que les Anglais taxent les autres nations d'injustice et d'inhumanité, parce qu'elles voudraient continuer encore pendant quelque temps la traite des nègres, à laquelle ils se sont livrés eux-mêmes pendant tant d'années, en se rendant coupables envers leurs malheureux esclaves de cruautés inconnues chez les autres peuples, et surtout parmi les Portugais, et qui, dans les colonies anglaises, sont dues, en grande partie, à l'absence des propriétaires, et au régime atroce de leurs gérans. Si l'on compare la législation et les institutions de la Grande-Bretagne sur cet objet (2), avec celle des autres nations, on verra combien ces dernières surpassent les leurs pour les sentimens d'humanité envers les nègres.

Le Danemarck, ainsi que les Etats-Unis, avaient donné l'exemple de l'abolition bien avant l'Angleterre, et cependant ni l'une ni l'autre de ces deux puissances n'ont jamais eu la témérité de vouloir dicter des lois sur ce point aux autres nations, et encore moins de les y contraindre, en insultant à leur pavillon, et en s'emparant de leurs navires.

L'Espagne a toujours montré de l'aversion

pour ce trafic, et elle s'y est peu livrée directement. La France et le Portugal ont promis de l'abolir, et nos lois ont toujours défendu de faire ce commerce avec les colonies étrangères, ainsi que l'ont pratiqué les Anglais, même pendant que les bureaux des deux chambres du parlement se trouvaient couverts d'une immense quantité de documens contenant les détails des barbaries inouïes que les sujets britanniques exerçaient envers les esclaves, surtout pendant leur trajet. Comment les philantropes anglais peuvent-ils donc se qualifier d'apôtres de l'humanité, devant des nations qui en ont toujours beaucoup plus montré dans ce trafic !

Depuis 1787, époque à laquelle la question de l'abolition a été agitée, pour la première fois, en Angleterre, la plûpart des hommes éclairés de tous les pays se sont accordés sur l'injustice d'un tel trafic ; et ils ne s'opposaient à son abolition que parce qu'ils la regardaient comme une mesure impolitique, capable de produire de plus grands maux que le trafic même ; et quoique cette mesure eût en sa faveur les personnes les plus distinguées du Gouvernement et du royaume, il a fallu, pour en venir à bout, 20 ans d'enquêtes parlementaires, et employer toute sorte de moyens pour la rendre populaire, tels que des écrits, des gravures représentant l'intérieur des bâtimens négriers, des camées de Wedgewood, des sermons, etc. Puisque le Gouvernement anglais n'a donc pas osé décréter l'abolition avant d'avoir préparé les esprits du peuple pour la recevoir, ce serait un acte souverainement injuste, si ce même Gouvernement avait la prétention d'empêcher les autres nations d'effectuer, dans leurs états, l'abolition, de la manière qui paraîtra convenir le mieux à leur situation particulière, et en employant les mêmes moyens de persuasion dont les Anglais ont fait usage pendant 20 ans. On ne peut cependant douter que le Gouvernement anglais n'ait eu des vues semblables, en réfléchissant sur les attentats commis avec la plus grande perfidie par la marine anglaise, en s'emparant, sous les prétextes les plus frivoles, de 40 bâtimens portugais et de plusieurs espagnols, tandis que l'Espagne n'a fait aucune stipulation à cet égard, et que, par l'article 10 (3) du traité d'alliance de 1810, éntre l'Angleterre et le Portugal, celui-ci s'est réservé le droit de continuer à faire ce trafic, jusqu'à ce que les circonstances lui permissent de l'abolir graduellement; ce qu'il a promis de faire par le même article du traité.

2°. Ceux qui prétendent que les Anglais ont le droit d'exiger des autres nations l'abolition immédiate de la traite, comme ayant été les sauveurs de l'Europe, font une insulte à toutes les puissances continentales, qui ne doivent, en réalité, leur délivrance qu'à leurs propres efforts. Jamais une armée anglaise n'aurait pu se maintenir pendant huit jours sur aucun point de la péninsule, et jamais elle n'aurait mis le pied en France, sans le secours de l'armée portugaise et espagnole, et celui de tous les habitans de la péninsule ; jamais l'Europe n'aurait secoué le joug de Buonaparte, si, par des victoires éclatantes, les puissances du Nord n'eussent consommé ce que les Espagnols et les Portugais avaient si heureusement commencé. Les Anglais, il est vrai, ont aussi contribué à cette glorieuse entreprise, en fournissant des subsides, et par les

troupes qu'ils ont envoyées sur le continent;
mais tandis que les autres puissances dé-
ployaient toutes leurs forces et employaient
tous leurs moyens, l'Angleterre ne faisait
usage que d'une partie des siens. Le continent a supporté toutes les calamités de la
guerre; il a vu ses champs dévastés, ses
villes incendiées et livrées au pillage, ses habitans en proie à la plus affreuse misère, et
expirant de faim ou des maladies conta-
gieuses; tandis que l'Angleterre, protégée
par sa position insulaire et la supériorité de
sa marine, et qui, grâces à la tyrannie de
Buonaparte sur le continent, était en possession du monopole du commerce, de la
navigation et des colonies, recevait chaque
jour dans son sein les capitaux que les
peuples envahis par Buonaparte pouvaient
soustraire à sa cupidité. L'on peut, d'ailleurs,
se convaincre de la grande utilité de la guerre
de la péninsule pour l'Angleterre, en lisant
les belles harangues de lord Liverpool et
de M. Perceval, dans la session du parlement
de 1811 : elle a garanti l'Irlande d'une in-
vasion, et a ouvert en même temps un dé-
bouché très-important au commerce anglais,
qui en avait le plus pressant besoin.

3°. Vouloir accélérer l'abolition de la traite, en employant contre des nations amies l'insulte et la violence, et en les dépouillant de leurs propriétés, c'est là une conduite aussi injuste qu'impolitique, et dont les suites doivent contrarier, bien loin de favoriser, le but que se proposent les partisans philantropes de l'abolition. Si les Gouvernemens s'accordaient entre eux pour mettre un terme à ce trafic, en défendant à leurs sujets de s'y livrer, la contrebande deviendrait presque impossible; mais si on continue à exercer de pareilles violences et à commettre de tels attentats, les Gouvernemens fermeront les yeux là-dessus, même après qu'ils auront prononcé l'abolition de la traite. La valeur des esclaves augmentera par la défense d'en acheter; et elle encouragera les armemens sur des petits bâtimens fins voiliers, qui transporteront les nègres entassés et bien plus maltraités qu'ils ne le sont dans les bâtimens ordinaires destinés à ce trafic. Leur sort ne sera pas plus heureux, s'ils viennent à être visités par des croiseurs anglais; car les prises seront le plus souvent obligées à faire un voyage bien plus long, pendant lequel les vivres venant à manquer,

les souffrances et la mortalité des malheureux esclaves ne deviendront que plus
affreuses ; je suis même convaincu que si
quelque infortuné, parmi ces victimes, avait
le bonheur de survivre, il serait vendu pour
satisfaire la cupidité des capteurs : ceci n'est
pas une simple conjecture, et on en a déjà
vu des exemples dans des cas semblables.

Les membres actuels du ministère anglais,
et même plusieurs de ceux de l'opposition,
ont reconnu qu'il était aussi impolitique
qu'injuste et contraire au droit des gens, de
vouloir forcer les autres nations à adopter
l'abolition de la traite. (*Voyez la note* (4),
où j'ai transcrit les passages saillans de leurs
discours).

4°. Les partisans de l'abolition universelle
de la traite prétendaient « que les différentes
puissances doivent prendre pour guide
l'Angleterre, qui a retiré les plus heureux
résultats pour ses colonies depuis qu'elle l'a
abolie. » Cet argument est captieux, et il y
a de fortes raisons de douter de la sincérité
de ceux qui l'emploient. C'est M. Wilberforce et son comité qui l'ont mis en avant,
afin de persuader les autres Gouvernemens

de l'utilité de l'abolition. A cet effet, rien n'aurait pu mieux servir leurs desseins, que de publier tous les ans des documens officiels sur l'état de la population de couleur dans leurs îles, et d'informer le public si son augmentation, qu'ils avaient annoncée avant l'abolition, s'était réellement vérifiée, indépendamment des importations frauduleuses et clandestines, et des esclaves saisis sur les bâtimens des nations amies ; et en apprenant au public si les produits de l'agriculture s'étaient accrus dans leurs colonies d'Amérique. Mais sept ans se sont écoulés depuis l'abolition, sans que M. Wilberforce ni aucun de ses confrères aient publié un seul mot sur de pareils résultats ; ce qui nous donne le droit de soupçonner qu'ils n'ont pas été tels qu'on les avait annoncés. Les passages des discours de M. Wilberforce et de lord Grenville, que j'ai transcrits (*Note* 5), viennent à l'appui de cette opinion.

5°. C'est probablement parce que cette attente a été déçue, que la cabale anglaise, qui vise toujours au monopole, presse le Gouvernement britannique pour qu'il dé-

termine par tous les moyens en son pouvoir, les autres nations à prononcer l'abolition immédiate de ce commerce ; ils savent
fort bien que c'est là le moyen le plus sûr
et le plus prompt de ruiner les colonies, le
commerce, la navigation, et de détruire les
capitaux de ces peuples. On s'en convaincra
sans peine, si on réfléchit aux faits suivans.
1°. Par la 7e. résolution de l'assemblée des
promoteurs de l'abolition, convoquée le 17
juin 1814 (6), on veut établir une rigou-
reuse enquête, afin d'empêcher qu'il n'y ait
des capitaux anglais employés dans les armemens étrangers pour la traite. Il est clair
que leur but est de fournir un prétexte
plausible pour excuser la saisie de tout bâ-
timent ami pendant la paix : cela est déjà
arrivé à des navires qui n'avaient pas même
des nègres à bord. 2°. Un *bill* vient de passer
au parlement, qui accorde les priviléges de
vaisseaux britanniques à tous les navires de
construction étrangère, qui seront saisis
faisant la traite, dont le but évident est d'encourager les officiers de la marine anglaise
à insulter le pavillon des nations amies, et à
s'emparer de leurs propriétés. 3°. Ces sup-
positions se changent en certitude, par les

attentats scandaleux et inouis de la marine anglaise envers un très-grand nombre de bâtimens portugais et espagnols, depuis quelques années.

6°. Sous le prétexte spécieux d'encourager la civilisation des Africains, les vues des Anglais ne tendent, en réalité, qu'à s'emparer de tout le commerce de l'univers, en ruinant celui des autres nations : et leurs colonies, leur but est de poser les bases d'un empire qu'ils espèrent, avec le temps, établir (7) en Afrique, et sur lequel ils se flattent de dominer en maîtres, à l'exclusion des autres nations, comme ils sont parvenus à le faire dans l'Inde. On voit bien à découvert ces intentions dans *les instructions secrètes* contenues dans les deux résolutions de la société instituée pour favoriser les découvertes dans l'intérieur de l'Afrique, et qu'on trouvera copiées à la suite de ce mémoire (8).

La Russie est une puissance maritime ; l'Autriche va le devenir par la possession de Venise ; elles doivent naturellement, afin d'augmenter leur marine, chercher non-seulement à jouir en sureté du commerce et de la navigation, mais peut-être songeront-

elles même à avoir un jour des colonies.
Elles ne sauraient donc voir avec indifférence les efforts de ceux qui cherchent à
assurer à l'Angleterre le monopole du commerce et de la navigation du globe entier,
et l'empire de ses trois parties les plus vastes.
Il est évident que ces puissances, ainsi que
la France, doivent être toujours en garde
contre toutes les insinuations de l'Angleterre,
qui auraient pour objet le commerce ou la
navigation, et s'opposer autant qu'il est en
elles, à l'abus que la Grande-Bretagne
pourrait faire de sa prépondérance maritime pour consolider le monopole uni-
versel du commerce, de la navigation et
des colonies, au moyen de la ruine des éta-
blissemens des autres nations.

CONCLUSION.

De tout ce que nous venons d'établir,
nous croyons pouvoir tirer les deux consé-
quences suivantes :

1º. Qu'il est de l'intérêt et du devoir des
grandes puissances continentales de refuser
formellement, au congrès de Vienne, leur

assentiment à la proposition insidieuse de l'Angleterre, de déclarer la traite contraire au droit des gens : une telle proposition n'étant qu'un piège tendu aux puissances, pour faire sanctionner indirectement par elles toutes les insultes, les vexations et les attentats qu'ils se proposent d'exercer, sous divers prétextes, envers les autres peuples.

2°. Si les grandes puissances jugeaient à propos d'interposer leur médiation, afin d'obtenir de celles qui ont des colonies à nègres, l'abolition du commerce des esclaves, *selon les circonstances particulières dans lesquelles ces états pourraient se trouver*, et si, dans ce but, on venait à convenir de quelque stipulation relative à cet objet, nous proposerions que la clause suivante y fût expressément insérée, sous la garantie de toutes les puissances, y comprise l'Angleterre.

« Il est expressément défendu aux vaisseaux, de quelque puissance que ce soit, ni avant ni après l'abolition de la traite par les différens Gouvernemens, de molester ou saisir, de quelque manière et sous un prétexte quelconque, ayant rapport à cette

stipulation, les bâtimens d'une autre puissance, chacune ayant seule le droit de faire
exécuter ses propres lois, et de punir ceux
de ses sujets qui les enfreindraient sur ce
point. »

Au cas que la Grande-Bretagne ne veuille
pas souscrire à cette clause, il est alors de
l'intérêt et de la dignité des grandes puissances continentales de renoncer à interposer leurs bons offices à cet égard, puis-
qu'un pareil refus de la part de l'Angleterre
prouverait d'une manière incontestable
toute la perfidie de ses intentions, dont il
serait indigne que des souverains aussi res-
pectables et indépendans s'abaissassent à devenir les instrumens. Si l'Angleterre ne veut
pas s'en rapporter là-dessus à la parole de
chacune des autres puissances, elles doivent,
à plus forte raison, douter de la sincérité de
ses protestations pour ce qui regarde le res-
pect dû au pavillon, d'après les attentats
atroces et multipliés commis de sang-
froid, par les agens de ce Gouvernement,
envers les bâtimens appartenans à des
étrangers.

Quand donc arrivera le jour heureux où
les puissances de l'Europe, qui se disent ci-

vilisées, auront la sagesse d'adopter l'axiome infaillible en économie politique, *que les avantages commerciaux d'une nation, fondés systématiquement sur la ruine de l'industrie et du commerce des autres, ne sauraient être durables; au lieu que ceux qui reposent sur l'intérêt réciproque, qu'il est aisé de concilier, sont permanens, et tendent constamment à accroître la prospérité progressive de chaque peuple?* Combien de guerres sanglantes, de malheurs et de crimes horribles; combien de rébellions et de guerres civiles n'aurait-on pas évité, si toutes les puissances avaient toujours adopté ce principe salutaire, en éloignant ainsi les calamités sans nombre, fruit de la plus avide cupidité, qui sacrifie le repos du monde entier à l'appât sordide d'exporter quelques pièces de plus de drap, de toile ou d'autres objets insignifians, quand il s'agit du salut des états! Voilà une entreprise digne d'échauffer les sentimens philantropiques des apôtres anglais, qui n'ont que les mots de *religion*, d'*humanité* et de *justice* à la bouche : au lieu d'employer les moyens les plus illégitimes, les plus iniques et impolitiques, pour forcer des nations indépendantes à seconder leur projet simulé de civiliser les Africains, ils devraient regarder avec un peu moins d'indifférence, les maux qui accablent l'Europe, et dont le remède serait si aisé. Mais tel est l'esprit de ce philantropisme anglais, que nous craignons bien, s'il réussit dans ses projets, de voir l'Europe retomber dans la barbarie bien avant que l'Afrique ne soit civilisée par eux !

NOTES.

(1) Voyez les remontrances des négocians du Brésil contre les violences de la marine anglaise, publiées par le docteur Constancio, à Paris, au mois de juillet 1814, chez madame Goullet, libraire, galeries de bois, N°. 259, au Palais-Royal.

(2) L'importation des nègres esclaves en Portugal a été défendue par une loi du 19 septembre 1761 ; et la même défense a été étendue aux mulâtres ou gens de couleur, venant du Brésil, par une ordonnance du 7 janvier 1767. Une autre loi fut promulguée en 1773, qui accordait la liberté aux nègres, mulâtres et métis, du moment qu'ils auraient mis le pied dans le royaume de Portugal, ainsi qu'aux îles Açores et à Madère. On en exceptait seulement ceux qui feraient partie de l'équipage, en qualité de matelots, et qui appartiendraient aux capitaines ou aux propriétaires des navires, pourvu toutefois qu'ils fussent soldés, nourris et traités comme les autres matelots. La loi leur accordait un libre recours aux magistrats, pour qu'ils pussent en réclamer l'exécution de ses dispositions ; et il existait même à Lisbonne une confrérie, composée de nègres libres, qui mettait tous ses soins à faire valoir les droits des nègres qui avaient à se plaindre de l'infraction de la loi.

Le Gouvernement portugais avait aussi déclaré libres tous les enfans des nègres, mulâtres et métis, qui seraient nés en Portugal postérieurement au 7 janvier 1773, jour de la publication de cette loi salutaire. C'est ainsi que l'esclavage fut aboli en Portugal, aux Açores et à Madère.

(3) Article 10 du traité d'alliance entre le Portugal et l'Angleterre, signé le 19 février 1810.

« S. A. R. le Prince régent de Portugal, étant pleinement convaincu de l'injustice et de la mauvaise politique du commerce des esclaves, et du grand désavantage qui provient de la nécessité d'introduire et de renouveler continuellement une population étrangère et factice, pour maintenir l'agriculture et l'industrie dans les possessions de l'Amérique méridionale, a résolu de coopérer avec S. M. britannique, dans la cause de l'humanité et de la justice, en adoptant les moyens les plus efficaces pour obtenir dans toute l'étendue de ses états *l'abolition graduelle* du commerce des esclaves. Fidelle à ce principe, S. A. R. le Prince régent de Portugal s'oblige à faire défense à ses sujets de continuer le commerce des esclaves dans toute la partie de la côte d'Afrique qui n'appartiendrait pas en ce moment aux domaines de S. A. R., et où ce trafic a été abandonné par les puissances et états de l'Europe qui y commerçaient anciennement, se réservant toutefois pour ses propres sujets le droit de faire la traite des nègres dans les possessions africaines de la couronne de Portugal. Mais il doit être formellement entendu que les stipulations du présent

traité,ne seront considérées comme invalidant ou af-
fectant en aucune manière les droits de la couronne
de Portugal aux territoires de Cabinda et de Mo-
lembo (droits contestés autrefois par le Gouvernement
français), et comme limitant ou restreignant le
commerce d'Ajuda et autres ports d'Afrique situés
sur la côte appelée communément Côte-d'Or , et qui
appartiennent à la couronne de Portugal , ou aux-
quels elle a des prétentions : S. A. R. le Prince régent
de Portugal étant résolu de ne point résigner ni laisser
perdre ses justes et légitimes droits sur ces pays , ni
ceux qu'ont ses sujets d'y trafiquer ainsi qu'ils l'ont
toujours fait jusqu'à ce jour. »

(4) Tout porte à croire que l'établissement d'un empire en Afrique entre pour beaucoup dans le but des
voyages entrepris par les Anglais dans l'intérieur de
ce pays , et que Sierra-Leona en est le noyau. Ce
n'est pas seulement la société africaine qui y emploie
tous ses moyens , mais la compagnie des Indes , et
nombre de savans et de gens éclairés , ayant à leur
tête sir Joseph Banks , y concourent aussi par leurs
lumières et par les instructions données aux différens
voyageurs. Voilà comme les Anglais mettent en exécution le conseil que Jean Botero donnait aux Portugais du temps de Philippe II. — *Et si Portugalli
tanti fuissent viciniores regiones quanti longinquas , et
vires quibus superato bonæ spei promontorio ad Indiam ,
Malaccam et Moluccas penetrárunt , ad Africam do-
mandam convertissent , minori operâ et sumptu majores
opes fuissent adepti......... sed cupiditas humana majoris*

facit aliena quam sua ; et longinqua magis aliubescunt; majora apparent esse quam propinqua.

Judicium J. Boteri, *de Potentia regis Hispaniarum.*

(5)............ Tout l'argument du noble baron (lord Grenville) repose sur l'erreur manifeste de s'imaginer que ce pays , ou tout autre, a le droit de dicter des lois, sur de pareilles matières, à des nations indépendantes. Ce prétendu droit doit se fonder, ou sur des principes généraux, ou bien sur des circonstances particulières. Personne n'osera soutenir le principe, qu'un Gouvernement a le droit de faire la guerre ou de continuer les hostilités, lorsqu'elles sont déjà commencées, dans le but d'imposer à un autre Gouvernement une obligation morale, quelque solennelle et sacrée qu'elle puisse être............ Nous sommes obligés de remplir nos devoirs ; mais lorsqu'il est question d'une autre nation, il s'agit de savoir si ayant une juridiction indépendante, ce n'est pas à elle seule à juger et à agir dans les affaires qui la regardent; et si elle a ce droit , qui pourrait s'arroger celui de s'opposer à la libre exécution des décisions qui lui auraient été suggérées par ses propres lumières et son discernement ? Je vous demande , Messieurs , si vous croyez que jamais un état indépendant consente qu'un autre lui prescrive ses devoirs ? (Discours de lord Liverpool à la Chambre des Pairs , le 28 juin 1814 , extrait du *Morning-Chronicle.*)

Personne n'a jamais soutenu (disait lord Castlereagh dans la séance de la Chambre des Communes, du même jour) que l'abolition de la traite des nègres dût être une condition *sine quâ non* d'un traité de paix , et qu'il ne devait être établi de relations amicales avec les puissances étrangères , à moins de pouvoir les persuader, ou les forcer à adopter nos principes à cet égard. Jamais on n'a avancé une pareille doctrine dans cette Chambre ; et il faut espérer , pour l'intérêt même de l'abolition universelle , que jamais elle n'y sera admise : car si , par des mesures de conciliation , nous ne parvenons pas à obtenir l'assentiment des autres nations , jamais nous n'y parviendrons par la force. Bien loin de décider les autres peuples à imiter les mesures philantropiques que nous poursuivons depuis quelques années , rien ne serait pour eux aussi révoltant que des propositions, de notre part , faites à la pointe de la baïonnette. Nous devons donc préférer les voies de la douceur , et nous contenter d'opérer l'abolition graduelle , afin d'éviter , par une conduite inconsidérée , d'ajouter l'effusion du sang , en Europe , à celle que nous ne saurions empêcher en Afrique.......... Dans nos traités avec d'autres puissances depuis cette époque (celle de l'abolition en Angletere), nous nous sommes contentés d'y faire insérer des clauses qui sont bien éloignées de l'abolition absolue. En 1808, nous fîmes un traité avec la Cour du Brésil , dans lequel il n'y avait aucun article portant l'abolition immédiate de la traite ; et cependant nous avons, depuis cette époque, aidé le Portugal par tous les moyens en notre pouvoir : nous n'avons pas jugé alors qu'il fût dans nos principes de conduite envers les autres nations , de faire dépendre de leur régime intérieur et de leurs maximes , la question de savoir si nous entretiendrions avec elles des relations d'amitié , *indispensables pour soutenir notre puissance , et pour assurer même l'existence de notre patrie.* Il faut tâcher de nous bien conduire , en dirigeant sagement l'influence légitime que nous avons acquise sur les autres états ; mais nous devons bien nous garder de vouloir leur faire adopter par la force nos réglemens relatifs à ce détestable trafic.

Ce ne fut qu'en séparant cette proposition (celle de l'abolition) de toutes les considérations sur les limites de la France en Europe et dans les colonies, qu'on est parvenu à la faire adopter par son Gouvernement, *et comme une stipulation purement volontaire entre deux grandes nations qui ont un même but philantropique.* La conduite du Gouvernement français a été l'effet de l'opinion publique, qu'il a naturellement dû consulter , plutôt que les désirs d'une puissance étrangère........

Quelque purs qu'aient été nos motifs pour abolir la traite , et quelque grands qu'aient pu être les sacrifices que nous avions faits pour le bien de l'humanité , (et certes ils ne sont pas aussi grands qu'on l'avait cru à l'époque de l'abolition!) il existait en France, non dans le peuple , mais bien parmi les personnes qui devraient être mieux instruites , une disposition à ne pas rendre à notre conduite, sur ce point, toute la justice qu'elle mérite : ils prétendent *que nous n'avons été guidés que par des motifs d'intérêt,* et que notre véritable dessein était de leur imposer des chaînes pour notre propre avantage. Rien n'au-

rait plus fortifié ce préjugé, que d'avoir eu recours à
la violence ; car , dès qu'il est question d'employer la
force , il est naturel de supposer que l'intérêt s'en
mêle............ Je puis assurer la Chambre que non-
seulement les ministres de S. M. avaient fait des efforts pour engager la France à abolir entièrement
ce trafic , mais qu'ils ont même cherché à faire
adopter des réglemens relatifs à la restriction de ce
commerce dans certaines colonies (ainsi qu'il a été
suggéré par mon honorable ami M. Wilberforce);
*mais par les mêmes raisons que le Gouvernement français
repoussait toute stipulation générale relative à la traite qui
serait une condition de la restitution de ses colonies , il in-
sista pour qu'on le laissât le maître d'adopter dans ces
possessions des réglemens qui indisposeraient la nation
française , s'ils étaient établis à l'instigation d'une puissance étrangère , ou dictés par elle.*

Quant à la teneur et à l'esprit de l'adresse , je les
adopte pleinement ; je crois que la Chambre doit
en effet faire connaître ses sentimens et ceux de la
nation au sujet de cette question importante , et
qu'il faut favoriser par tous les moyens les efforts
en faveur du but de cette adresse. Je me sens forte-
ment disposé à seconder ces efforts ; mais je me flatte
qu'on ne demandera jamais au Gouvernement de ce
pays de déployer son énergie d'une manière incom-
patible avec l'indépendance des autres nations et les
bases de la paix générale. J'espère que le parlement et la nation sentiront l'absurdité de vouloir
prêcher la morale l'épée à la main : c'est aux progrès
des lumières , et non aux armes , qu'il faut avoir re-

cours pour faire adopter les principes d'humanité, et l'abolition entière de la traite des nègres ; et je suis persuadé que jamais le parlement ne sanctionnera la nouvelle doctrine qui doit forcer les autres nations à adopter nos maximes philantropiques et morales.

Lord Lascelles a dit, le même jour, que les membres qui insistaient tant sur les droits de l'humanité en Afrique, semblaient oublier ce que nous devions en même temps à la paix et au bonheur de l'Europe.

Lord Westmoreland rappela que le Prince régent avait dit dans son discours, qu'il n'était pas dans les vues de l'Angleterre de se mêler de l'administration intérieure d'aucun pays. (*Ibid.*)

J'admets volontiers comme un principe général (a dit lord Holland dans la même séance des Pairs), *qu'il n'y a pas de motif suffisant pour faire la guerre à une nation, lorsqu'elle refuse d'adopter un système général ou un principe de gouvernement établi par un autre état.*

M. Canning a dit, le même jour, dans la Chambre des Communes : « Je conviens avec le noble lord (Castlereagh) qu'il faut bien se garder d'employer la force pour faire adopter nos conceptions morales et nos principes politiques, par une nation quelconque. » (Extrait du *Morning-Chronicle* du 30 juin 1814.)

(6) Plusieurs personnes intéressées dans le commerce des Indes occidentales pourraient craindre de souffrir considérablement du monopole que la France allait acquérir, par la faculté de continuer à faire la traite. Elles avaient, lors de l'abolition, consenti à

faire, en faveur du bien public, le sacrifice de leurs opinions, en renonçant à ce trafic ; mais ce ne fut que sous la condition tacite que d'autres ne jouiraient point des avantages dont on les privait. (Discours de M. Wilberforce, extrait du *Morning-Chronicle* du 28 juin 1814.)

Lord Grenville......... Quand même les ministres de S. M. fermeraient les oreilles aux cris de l'humanité et de la justice, ils auraient au moins dû voir qu'en bonne politique *nos intérêts, dans nos possessions d'A-mérique, ne pouvaient se concilier avec la faculté accordée à la France, de continuer à faire le commerce des es-claves.* (Ibid.)

(7).......... Cette assemblée est intimement con-vaincue de la nécessité croissante d'adopter sans délai, dans le parlement, des mesures qui puissent efficace-ment empêcher qu'on n'élude et qu'on ne viole les lois de la Grande-Bretagne, au sujet de l'abolition de la traite, au moyen de l'importation clandestine d'es-claves des colonies françaises dans les nôtres, qui en sont voisines, ou par l'emploi de capitaux anglais dans ce trafic. (7e. résolution extraite du *Morning-Chronicle* du 18 juin 1814.)

(8) Le comité ne communiquera qu'aux membres de la société, en général, les renseignements qu'il pourra recevoir de temps en temps des personnes qui seraient envoyées pour faire des découvertes.

Aussitôt qu'on recevra quelque nouvelle intéres-sante de ces voyageurs, le secrétaire convoquera ,

par des lettres, les membres de la société; *et ce qui ;
dans l'opinion du comité, pourra être rendu public, sans
nuire au but de la société*, sera communiqué à toute
l'assemblée. (Délibérations de la société pour l'encou-
ragement des découvertes dans l'intérieur de l'A-
frique, imprimées en 179...)

FIN.

www.ingramcontent.com/pod-product-compliance
Lightning Source LLC
Chambersburg PA
CBHW062314070726
47596CB00009B/1954

* 9 7 8 2 0 1 3 4 3 3 9 6 9 *